DAS MEGA-MITMACHBUCH

ZUR

WM 2026

FELIX FÜRTH

Einleitung

Willkommen beim Mega Mitmachbuch zur WM 2026!

Die Fußball-Weltmeisterschaft steht vor der Tür – und du bist mittendrin!
In diesem Buch wartet eine bunte Mischung aus Rätseln, Quizfragen, Challenges, kreativen Aufgaben und spannenden Fußballfakten auf dich. Gemeinsam entdecken wir die Teams, Spieler, Länder und Stadien der WM 2026.
Egal, ob du selbst im Verein spielst, ein Fan deiner Lieblingsmannschaft bist oder einfach Spaß am Mitmachen hast – dieses Buch steckt voller Überraschungen und Action.

Mach dich bereit für:

- spannende Spiele
- knifflige Rätsel
- verrückte Challenges
- kreative Aufgaben
- cooles Fußballwissen
- und ganz viel Spaß!

👉 ***Schnapp dir deinen Stift – das Abenteuer beginnt JETZT!***

Einleitung

Das erwartet dich in deinem Mega-Mitmachbuch

Hier bekommst du einen schnellen Überblick, was dich im Buch alles erwartet:

⚽ Quiz & Wissen

Teste dein Fußball-Know-how!
Wie gut kennst du die WM-Teams, Länder und Regeln?

🧩 Rätsel & Logikspiele

Suchbilder, Sudokus, Kreuzworträtsel, Labyrinthe und vieles mehr – alles rund um Fußball und die WM 2026.

🏆 Challenges

Probiere Trickschüsse, Bewegungsaufgaben und kleine Mini-Spiele aus – alleine oder mit Freunden.

🎨 Kreatives & Malspaß

Gestalte dein eigenes Trikot, male dein Traumteam oder erfinde dein eigenes Maskottchen.

🌍 Länder & Flaggen

Entdecke die teilnehmenden Nationen und erfahre spannende Fun Facts über jedes Land.

⭐ Spielerporträts

Lerne einige der großen Stars kennen – mit kurzen, kindgerechten Steckbriefen und witzigen Infos.

📝 Deine WM 2026

Halte deine Lieblingsmomente fest: Spiele, Tore, Erinnerungen und eigene Ideen.

FIFA WM 2026 - GRUPPENÜBERSICHT

GRUPPE A	GRUPPE B	GRUPPE C
Mexiko	Kanada	Brasilien
Südkorea	Schweiz	Marokko
Südafrika	Katar	Schottland
UEFA Playoff D	UEFA Playoff A	Haiti

GRUPPE D	GRUPPE E	GRUPPE F
USA	Deutschland	Niederlande
Australien	Ecuador	Japan
Paraguay	Elfenbeinküste	Tunesien
UEFA Playoff C	Curaçao	UEFA Playoff B

GRUPPE G	GRUPPE H	GRUPPE I
Belgien	Spanien	Frankreich
Iran	Uruguay	Senegal
Ägypten	Saudi-Arabien	Norwegen
Neuseeland	Kap Verde	FIFA Playoff 2

FIFA WM 2026 - GRUPPENÜBERSICHT

GRUPPE J	GRUPPE K	GRUPPE L
Argentinien	Portugal	England
Österreich	Kolumbien	Kroatien
Algerien	Usbekistan	Panama
Jordanien	FIFA Playoff 1	Ghana

SPIELPLAN

(Hinweis für das Buch: Es gibt insgesamt 104 Spiele. Ich habe hier die wichtigsten Highlights und die Spiele der deutschsprachigen Teams herausgefiltert.)

📅 Die Eröffnungsspiele (Tag 1 & 2)

Der Startschuss der WM. Die ganze Welt schaut zu.

Datum	Ort (Stadion)	Paarung
11. Juni	**Mexiko-Stadt** (Aztekenstadion)	🇲🇽 **Mexiko** vs. 🇰🇷 Südkorea
11. Juni	Guadalajara (Estadio Akron)	🇿🇦 Südafrika vs. 🇪🇺 UEFA Playoff D
12. Juni	**Toronto** (BMO Field)	🇨🇦 **Kanada** vs. 🇨🇭 Schweiz
12. Juni	**Los Angeles** (SoFi Stadium)	🇺🇸 **USA** vs. 🇦🇺 Australien

🇩🇪 Der Spielplan für DEUTSCHLAND (Gruppe E)

Standort: Region Zentral/Ost

Deutschland wurde in Gruppe E gelost. Das bedeutet kurze Reisewege innerhalb der USA.

Datum	Ort	Paarung
14. Juni	**Houston** (NRG Stadium)	🇩🇪 **Deutschland** vs. 🇨🇼 Curaçao
20. Juni	**Kansas City** (Arrowhead)	🇩🇪 **Deutschland** vs. 🇪🇨 Ecuador
25. Juni	**New York/NJ** (MetLife)	🇨🇮 Elfenbeinküste vs. 🇩🇪 **Deutschland**

Der Spielplan für ÖSTERREICH (Gruppe J)

Standort: Region West (Kanada & USA)

Österreich hat es hart getroffen (Argentinien), aber die Kulisse an der Westküste ist traumhaft.

Datum	Ort	Paarung
14. Juni	**Vancouver** (BC Place)	**Österreich** vs. Algerien
19. Juni	**Seattle** (Lumen Field)	Argentinien vs. **Österreich**
24. Juni	**San Francisco** (Levi's Stadium)	**Österreich** vs. Jordanien

Weitere Spiele der SCHWEIZ (Gruppe B)

Standort: Kanada

Nach dem Eröffnungsspiel in Toronto bleibt die Nati im Norden.

Datum	Ort	Paarung
18. Juni	**Vancouver** (BC Place)	**Schweiz** vs. Katar
23. Juni	**Vancouver** (BC Place)	UEFA Playoff A vs. **Schweiz**

SPIELPLAN

⭐ Weitere Top-Spiele der Vorrunde (Highlights)

Datum	Gruppe	Ort	Paarung	Anmerkung
13. Juni	C	Boston	🇧🇷 **Brasilien** vs. 🏴󠁧󠁢󠁳󠁣󠁴󠁿 Schottland	Sambafußball in Boston
15. Juni	I	Philadelphia	🇫🇷 **Frankreich** vs. 🇸🇳 Senegal	Duell der Geschichte
16. Juni	L	Miami	🏴󠁧󠁢󠁥󠁮󠁧󠁿 **England** vs. 🇭🇷 Kroatien	WM-Halbfinale 2018 Revanche
17. Juni	H	Atlanta	🇪🇸 **Spanien** vs. 🇺🇾 Uruguay	Top-Spiel Gruppe H
19. Juni	F	Houston	🇳🇱 **Niederlande** vs. 🇯🇵 Japan	Offensiv-Spektakel
22. Juni	K	Dallas	🇵🇹 **Portugal** vs. 🇨🇴 Kolumbien	Ronaldo (oder Nachfolger) gegen Diaz

🏆 Das Finale

- **Datum:** 19. Juli 2026
- **Ort:** New York / New Jersey (MetLife Stadium)
- **Paarung:** *Noch offen* (Wer denkst du, steht in deinem Buch im Finale?)

United 2026 – Ein Sommer der Giganten

Die Welt hält den Atem an. Es ist nicht einfach nur eine Weltmeisterschaft – es ist das größte Fußballfest, das der Planet je gesehen hat. Zum allerersten Mal in der Geschichte öffnen gleich drei Gastgeber ihre Tore: Die weiten Ebenen der USA, die pulsierenden Metropolen Mexikos und die kühlen, stolzen Städte Kanadas.

48 Nationen. 104 Spiele. Ein Traum.

Vom legendären Aztekenstadion in Mexiko-Stadt, wo die Luft dünn ist und die Fans so laut wie ein Vulkanausbruch brüllen, bis hinauf in den Norden nach Vancouver, wo die Berge das Spielfeld einrahmen – diese WM ist ein Abenteuer der Extreme. Die Mannschaften kämpfen nicht nur gegeneinander, sondern auch gegen die Zeitzonen und das Klima. Wer heute bei 35 Grad in der Wüste von Texas schwitzt, muss vielleicht schon übermorgen im kühlen Regen von Seattle bestehen.

Für die Fans ist es der „Sommer der tausend Meilen". Doch egal ob in New York, Guadalajara oder Toronto – die Sprache ist überall dieselbe: Fußball.

Die alten Helden wollen es noch einmal wissen, doch die junge Generation steht bereit, um sie vom Thron zu stoßen. Wird Lionel Messis Argentinien den Titel verteidigen? Oder zaubert sich die brasilianische Seleção zurück an die Spitze? Und was ist mit Deutschland? Angeführt von den „Zauberfüßen" Jamal Musiala und Florian Wirtz, träumt eine ganze Nation davon, den goldenen Pokal am 19. Juli in den Nachthimmel von New Jersey zu strecken.

Die Taktiktafeln sind beschrieben, die Schuhe geschnürt. Der Rasen ist perfekt.

Willkommen bei der FIFA Weltmeisterschaft 2026.

DAS TURNIER DER SUPERLATIVE

Noch nie war eine WM größer. 2026 sprengt alle Dimensionen:

- **3 Länder:** USA, Kanada, Mexiko.
- **48 Teams:** Mehr Länder als je zuvor haben die Chance auf den Titel.
- **3 Zeitzonen:** Ein Turnier, das niemals schläft.
- **Das Ziel:** Das große Finale im MetLife Stadium vor 82.500 Zuschauern.
  Während Europa schläft, bebt in Amerika der Boden – der Fußball hat den Kontinent erobert!

1

USA, Kanada & Mexiko – die Gastgeber der WM 2026

Zum ersten Mal in der Geschichte wird eine Fußball-Weltmeisterschaft in drei Ländern gleichzeitig ausgetragen! Die USA, Kanada und Mexiko heißen Teams und Fans aus aller Welt willkommen.
Jedes dieser Länder hat seine ganz eigenen Besonderheiten – und du kannst sie hier entdecken.

🇺🇸 USA – riesig, bunt & sportverrückt

Fun Facts:
drittgrößtes Land der Welt
berühmt für große Städte wie New York, Los Angeles und Miami
Fußball heißt hier „Soccer"
hier stehen einige der größten Stadien der Welt

Mini-Aufgabe:
👉 Kreise die Sportarten ein, die in den USA sehr beliebt sind:
Baseball – Rugby – American Football – Soccer – Curling

🇨🇦 Kanada – Naturwunder & Eishockeyland

Fun Facts:
zweitgrößtes Land der Erde
bekannt für Bären, Elche, Wälder und die Niagarafälle
Fußball wird immer beliebter – besonders seit der WM 2022
eine der freundlichsten Nationen der Welt

Mini-Aufgabe:
👉 Male dem kleinen Elch ein Fußballtrikot in deiner Lieblingsfarbe!

🇲🇽 Mexiko – Farben, Kultur & Fußballleidenschaft

Fun Facts:
unglaublich reiche Kultur (Azteken, Maya, Pyramiden)
lecker: Tacos, Guacamole & Quesadillas
Mexiko liebt Fußball – viele Stadien sind legendär
bunte Städte wie **Guadalajara, Monterrey und Mexiko-Stadt**

Die Stadien – hier wird gespielt!

2

Die WM 2026 findet in 16 Stadien statt. Hier zeigen wir dir ein paar der eindrucksvollsten Arenen – als coole Illustration und mit spannenden Mini-Fakten!

Vancouver (Kanada)

- liegt zwischen Meer und Bergen
- transparente Dachkonstruktion
- perfekt für Fans, die Natur lieben

Arlington (USA)

- eines der größten Stadien der Welt
- Dach, das sich öffnen und schließen lässt
- Heimat vieler großer Sportevents

Mexiko-Stadt (Mexiko)

- berühmtes Stadion mit langer Fußballgeschichte
- Platz für über 80.000 Fans
- eine der lautesten Fußballkulissen der Welt

3

Die Teams der Welt

Bei der WM 2026 treten 48 Mannschaften gegeneinander an. Jede Nation bringt ihre eigene Geschichte, ihren Stil und ihre Farben mit. Hier bekommst du einen ersten Überblick über einige spannende Teams – plus kleine Aufgaben zum Mitmachen!

Deutschland

Kontinent: Europa
Spitzname: Die Mannschaft
Bekannt für: Starke Technik und Teamgeist
Fun Fact: Deutschland hat schon viermal die Weltmeisterschaft gewonnen.

Brasilien

Kontinent: Südamerika
Spitzname: Seleção
Bekannt für: Samba-Fußball und Trickkünstler
Fun Fact: Brasilien ist das einzige Land, das bei jeder WM mitgespielt hat.

Frankreich

Kontinent: Europa
Spitzname: Les Bleus
Bekannt für: Schnelle Spieler und starke Nachwuchsteams
Fun Fact: Frankreich hat 2018 den WM-Titel geholt.

USA

Kontinent: Nordamerika
Spitzname: USMNT
Bekannt für: Athletik und Power
Fun Fact: Fußball (Soccer) wird in den USA immer beliebter – vor allem bei Kids!

Mexiko

Kontinent: Nordamerika
Spitzname: El Tri
Bekannt für: Leidenschaft und laute Fans
Fun Fact: Mexiko ist eines der gastgebenden Länder 2026.

Kanada

Kontinent: Nordamerika
Spitzname: Les Rouges
Bekannt für: junge Talente
Fun Fact: Kanada spielt erst zum dritten Mal bei einer WM.

MINI-AUFGABE:
Markiere die drei Gastgeberländer dieser WM mit einem Stern.

MINI-AUFGABE 2:
Welches der sechs Teams oben würdest du gerne live spielen sehen?
Schreibe es in das freie Feld:

Flaggen, Farben und ein Länder-Quiz

4

Jedes Land hat eine Flagge mit ganz eigenen Farben und Mustern. Schau dir die Flaggen genau an – die Aufgaben unten warten auf dich!

FLAGGEN-AUFGABE 1 – Ordne die Farben zu:
Schreibe die richtigen Flaggen zu den Farbkombinationen:
Schwarz – Rot – Gold
Blau – Weiß – Rot
Grün – Gelb – Blau
Rot – Weiß – Grün
Freie Antwortfelder:
1: ____________________
2: ____________________
3: ____________________
4: ____________________

FLAGGEN-AUFGABE 2 – Finde das Land:
Ich beschreibe ein Land. Du errätst es!
A: „Meine Flagge hat einen großen gelben Diamanten in der Mitte.“
Antwort: ____________________
B: „Meine Flagge hat ein weißes Ahornblatt.“
Antwort: ____________________
C: „Meine Flagge hat einen weißen Adler in der Mitte.“
Antwort: ____________________

MINI-RÄTSEL:
Zähle, wie viele Flaggen auf dieser Seite zu sehen sind.
Antwort: ____________________

Die Lösungen findest du am Ende des Buches

5

Spieler-Portraits

Lionel Messi (Argentinien)
– Einer der besten Fußballer der Welt.
– Berühmt für schnelle Dribblings und viele Tore.
– Führte Argentinien 2022 zum WM-Titel.
– Sehr ruhig, fair und ein echter Teamspieler.

Cristiano Ronaldo (Portugal)

- Geboren am 5. Februar 1985 auf der Insel Madeira, Position: Stürmer.
- Er ist Rekordtorschütze der UEFA Champions League mit 140 Toren und hält zudem den Rekord für die meisten Assists in diesem Wettbewerb.
- Er hat fünfmal den Ballon d'Or gewonnen — eine der höchsten individuellen Auszeichnungen im Fußball

Neymar (Brasilien)

- Geboren am 5. Februar 1992 in Mogi das Cruzes (São Paulo, Brasilien).
- Er begann seine Profi-Karriere beim Santos FC und gab dort mit 17 Jahren sein Profidebüt. Red Bull+1
- Neymar spielte für große Clubs wie FC Barcelona und Paris Saint-Germain und erzielte viele Tore, bekannt für seine Dribblings, Technik und Schnelligkeit.

Kylian Mbappé (Frankreich)

- Geboren am 20. Dezember 1998 in der Region Paris.
- Spielt als Stürmer / Flügelspieler und ist bekannt für seine blitzschnellen Sprints und seine Schnelligkeit mit Ball am Fuß.
- Schon in sehr jungen Jahren Profi geworden – mit 18 Jahren gewann er mit Frankreich die Weltmeisterschaft 2018.

Erling Haaland (Norwegen)

– Geboren am 21. Juli 2000, bekannt für enorme Geschwindigkeit und Kraft.
– Einer der torgefährlichsten Stürmer der Welt mit vielen Rekorden in jungen Jahren.
– Wurde sofort ein Star in Top-Ligen wie Deutschland und England.
– Berühmt für seine spektakulären Vollspann-Schüsse und Kopfballtore.

Jamal Musiala (Deutschland)

– Geboren am 26. Februar 2003 in Stuttgart, aufgewachsen in England.
– Spielt als offensiver Mittelfeldspieler mit starken Dribblings und enger Ballkontrolle.
– Wurde einer der jüngsten Torschützen in der Geschichte der deutschen Nationalmannschaft.

5

Spieler-Portraits

Harry Kane (England)

– Geboren am 28. Juli 1993 in London, spielt als Mittelstürmer.
– Einer der treffsichersten englischen Spieler und Rekordtorschütze der Nationalmannschaft.
– Bekannt für starke Abschlüsse mit beiden Füßen und gute Spielübersicht.
– Führte England bei großen Turnieren regelmäßig als Kapitän aufs Feld.

Christian Pulisic (USA)

– Geboren am 18. September 1998 in Hershey, Pennsylvania.
– Spielt als offensiver Flügelspieler, schnell, dribbelstark und torgefährlich.
– Wurde zum jüngsten Torschützen der US-Nationalmannschaft in einer WM-Qualifikation.
– Gewann 2021 die Champions League und ist eine der wichtigsten Figuren im US-Team.

Pedri (Spanien)

– Geboren am 25. November 2002 auf Teneriffa, spielt als zentraler Mittelfeldspieler.
– Bekannt für seine perfekte Ballkontrolle, Übersicht und Ruhe am Ball.
– Wurde 2021 zum „Best Young Player“ der Europameisterschaft gewählt.
– Einer der jüngsten Spieler, die über 100 Spiele für den FC Barcelona absolvierten.

Jude Bellingham (England)

– Geboren am 29. Juni 2003 in Stourbridge, spielt im zentralen Mittelfeld.
– Wurde mit 17 Jahren einer der jüngsten Spieler der Bundesliga-Geschichte.
– Bekannt für sein starkes Zweikampfverhalten, Übersicht und Offensivdrang.
– Wechselt früh zu Topklubs und gilt als einer der größten Talente seiner Generation.

Alphonso Davies (Kanada)

– Geboren am 2. November 2000 in Ghana, aufgewachsen in Kanada.
– Spielt als Linksverteidiger und ist berühmt für seine extreme Geschwindigkeit.
– Debütierte als einer der jüngsten Profis in der MLS und wechselte später zum FC Bayern.
– Gilt als Schlüsselspieler der kanadischen Nationalmannschaft und Publikumsliebling.

Vinícius Júnior (Brasilien)

– Geboren am 12. Juli 2000 in São Gonçalo, Brasilien.
– Spielt als schneller, dribbelstarker Flügelstürmer und ist bekannt für explosive Antritte.
– Wurde bereits mit 16 Jahren vom europäischen Spitzenfußball entdeckt.
– Schoss entscheidende Tore in wichtigen Finals und ist ein Schlüsselspieler Brasiliens.

6

Unglaubliche WM Fakten

Der schnellste WM-Torschütze: Hakan Şükür (Türkei) – 2002, in der 11. Sekunde nach Anpfiff.
Er erzielte das schnellste Tor in der Geschichte der Fußball-Weltmeisterschaft.

Uruguay gewann die erste WM 1930.
Die Gastgeber Uruguay gewann das Turnier und wurde damit erster Weltmeister der Geschichte.

16 Teams nahmen 1930 teil – heute sind es 48 (ab 2026).
Das erste Turnier hatte 13 bzw. 16 teilnehmende Nationen; ab der WM 2026 wird das Feld auf 48 Nationalteams ausgeweitet.

Nur acht Mannschaften haben jemals eine WM gewonnen (Stand: 2022).
Weltmeister waren: Uruguay, Italien, Deutschland, Brasilien, England, Argentinien, Frankreich, Spanien.

Die erste WM, bei der mehr als 2 Milliarden Menschen zugeschaten haben – war die WM 1998.

Die meisten WM-Tore insgesamt: Miroslav Klose (Deutschland) mit 16 Treffern. Der Rekordtorjäger der WM-Geschichte stammt aus Deutschland.

Mehr Spiele & Gruppenphase mit mehr Ländern
Durch die Erweiterung auf 48 Teams wird es mehr Spiele und eine ausgedehntere Gruppenphase geben – damit mehr Chancen für kleinere Fußballnationen, sich zu präsentieren.

Brasilien ist das einzige Land, das bei jeder WM dabei war.
Seit 1930 haben sie keine einzige WM verpasst.

6

Unglaubliche WM Fakten

Der älteste WM-Spieler aller Zeiten war Essam El-Hadary aus Ägypten. Er war 45 Jahre und 161 Tage alt, als er bei der WM 2018 in Russland spielte – und sogar einen Elfmeter hielt!

Die meisten WM-Teilnahmen ohne Titel: Mexiko und die Niederlande.
Viele starke Mannschaften haben es schon weit geschafft – aber den Titel noch nie geholt.

Der WM-Pokal ist aus 18-karätigem Gold.
Er wiegt über 6 Kilogramm – nicht leicht für eine schnelle Ehrenrunde!

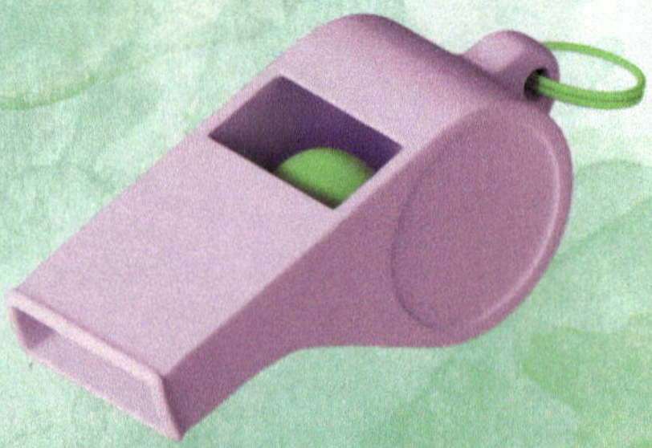

Bei der WM 1970 wurden zum ersten Mal gelbe und rote Karten gezeigt. Davor musste der Schiri alles verbal regeln.

Der WM-Ball hat sich ständig verändert.
Seit 1930 gab es über ein Dutzend verschiedene offizielle WM-Bälle – mal aus Lederstreifen, mal hochmodern mit Sensoren.

Afrikanische Teams sorgten immer wieder für WM-Sensation: Kamerun erreichte 1990 das Viertelfinale, Senegalbesiegte 2002 den damaligen Weltmeister Frankreich und zog ebenfalls ins Viertelfinale ein. Marokko schrieb 2022 Geschichte als erstes afrikanisches Team im Halbfinale einer Weltmeisterschaft.

Der schnellste WM-Hattrick der Geschichte wurde von László Kiss aus Ungarn erzielt.
Er schoss 1982 bei der WM in Spanien innerhalb von nur 7 Minuten drei Tore – als Einwechselspieler!
Bis heute wurde dieser Rekord nie gebrochen.

Cristiano Ronaldo traf bei den Weltmeisterschaften 2006, 2010, 2014, 2018 und 2022 und ist damit der erste und bisher einzige Spieler, der in fünf verschiedenen WM-Turnieren ein Tor erzielte.

7

Trikot-Designer

Hier findest du Vorlagen für Trikots/ Schuhe etc. Lass deiner Kreativität freien Lauf und designe deine eigene Fußballkleidung.

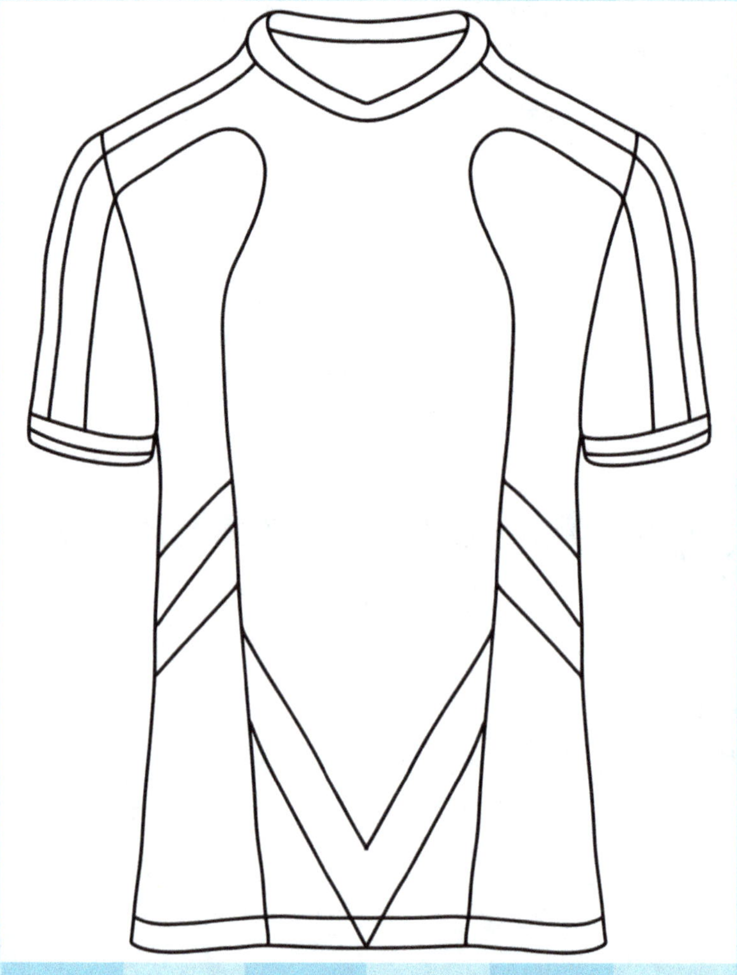

7

Trikot-Designer

8

Flaggen Design

Hier findest du Vorlagen für deine eigene Flagge. Sei kreativ und erstelle sie für dein eigenes Land.

Fehler Suche 9

Hier haben sich 5 Fehler versteckt. Kannst du alle finden?

10

Bucket- Liste

Hier kommt deine große WM-2026-Bucket List – alles, was du in diesem besonderen Fußballjahr unbedingt erleben willst!

- ☐ EIN EIGENES WM-STICKERALBUM STARTEN.
- ☐ EIN REZEPT AUS EINEM WM-LAND AUSPROBIEREN.
- ☐ EINEN FUSSBALLTRICK LERNEN (Z. B. ÜBERSTEIGER).
- ☐ DIE NATIONALHYMNE EINES WM-LANDES ANHÖREN.
- ☐ EIN MINI-VIDEO AUFNEHMEN, WIE MAN EIN TOR KOMMENTIERT.
- ☐ EINEN EIGENEN POKAL AUS PAPIER BASTELN.
- ☐ EIN SPIEL IN EINER ANDEREN SPRACHE HÖREN ODER ANSCHAUEN.
- ☐ EIN FOTO IM FUSSBALLOUTFIT M ACHEN.
- ☐ DAS SCHÖNSTE WM-TRIKOT WÄHLEN.
- ☐ EIN WM-GEDICHT SCHREIBEN.

Bucket- Liste

10

- ☐ DIE SCHUHE WIE EIN PROFI BINDEN (SPEZIELLER KNOTEN).
- ☐ EINE FUSSBALL-CHALLENGE G EGEN DIE ELTERN MACHEN.
- ☐ JEMANDEM DIE ABSEITSREGEL ERKLÄREN.
- ☐ EINE FUSSBALL-POSE NACHSTELLEN
- ☐ EINEN FANTASIE-SPIELER MIT BESONDEREN KRÄFTEN ERFINDEN.
- ☐ EINEN WM-SNACK ERFINDEN.
- ☐ EIN TRICKSCHUSS-VIDEO AUFNEHMEN.
- ☐ EIN WM-LAND AUF GOOGLE EARTH BESUCHEN.
- ☐ EINE FAN-KETTE AUS PAPIER BASTELN.
- ☐ EIN SELFIE BEIM JUBELN MACHEN.
- ☐ EIN STADION DER WM ZEICHNEN.
- ☐ EINEN KOMMENTAR WIE EIN ECHTER REPORTER AUFNEHMEN.
- ☐ EINE TOP-10-LISTE DER SCHÖNSTEN TORE FÜHREN.
- ☐ EINE „WER GEWINNT HEUTE?“-TIPPLISTE FÜHREN.
- ☐ EIN WM-SPIELFELD AUS LEGOSTEINEN BAUEN.
- ☐ EIN LIED ÜBER DIE WM SCHREIBEN.
- ☐ EINE TORJUBEL-WENDUNG ÜBEN (Z. B. ROLLOVER).
- ☐ EINEN GLÜCKSBRINGER FÜR WM-SPIELE MACHEN.
- ☐ EIN FOTO VON EINEM SELBSTGEMACHTEN POKAL MACHEN.
- ☐ EINE SCHIEDSRICHTERPFEIFE AUS PAPIER BASTELN.

Bastelanleitung Flagge

Gestalte deine eigene WM Flagge und nutze sie für deinen Torjubel beim Schauen der WM Spiele.

⭐ Bastelanleitung 1: Deine eigene Mini-Fan-Fahne

Materialien
- Ein weißes Blatt Papier
- Buntstifte oder Filzstifte
- Klebestift oder Klebeband
- Ein Holzstab (Schaschlikspieß, dünner Stock oder Strohhalm)

So geht's
1. Papier falten:
2. Falte das Blatt Papier einmal in der Mitte, damit es stabiler wird.
3. Flagge gestalten:
4. Male die Flagge deines Lieblings-WM-Landes darauf – oder erfinde eine ganz neue Fantasie-Flagge.
5. Stock befestigen:
6. Lege den Holzstab an den Rand des gefalteten Blatts und klebe ihn fest.
7. Klappe das Papier zu und fixiere die Kanten mit Klebestift oder Klebeband.
8. Jubeln!
9. Jetzt kannst du deine Mini-Fan-Fahne bei jedem Spiel schwenken – wie im richtigen Stadion!

Bastelanleitung Wimpel

Mit diesem einfachen WM-Wimpel kannst du dein Zimmer, deine Fan-Ecke oder sogar deinen Garten in eine richtige Fußball-Arena verwandeln!

★ Bastelanleitung 2: Dein eigener WM-Wimpel

Materialien
- Weißes Papier oder Tonpapier
- Bleistift
- Schwarzer Filzstift oder Marker
- Schnur, Wolle oder Geschenkband
- Lochzange oder Schere zum Einstechen eines Lochs
- Holzstäbchen oder zwei kleine Stäbe (optional, für Stabilität)

So geht's:
1. Form vorzeichnen
Zeichne zuerst die typische Wimpelform auf dein Papier: oben gerade, unten spitz.
Skizziere in der Mitte einen einfachen Fußball (ein Kreis mit kleinen Sechsecken).
2. Nachzeichnen & Beschriften
Fahre die Linien des Fußballs mit schwarzem Filzstift nach.
Schreibe darunter groß: „WM 2026" oder eine eigene Version wie „GOAL!" oder „TEAMNAME".
3. Loch machen & Schnur einfädeln
Stich oben links (und optional auch rechts) ein kleines Loch hinein.
Fädle eine Schnur hindurch und mache einen Knoten.
So kannst du den Wimpel später aufhängen.
4. Aufhängen & Dekorieren
Hänge den Wimpel an die Wand, an deine Fan-Ecke oder an deine Zimmertür!
Du kannst ihn zusätzlich mit Farben, Stickern oder Glitzer verschönern.

11

Origami Trikot

Hier lernst du, wie du aus einem einfachen Blatt Papier ein richtiges Mini-Fußballtrikot zauberst!

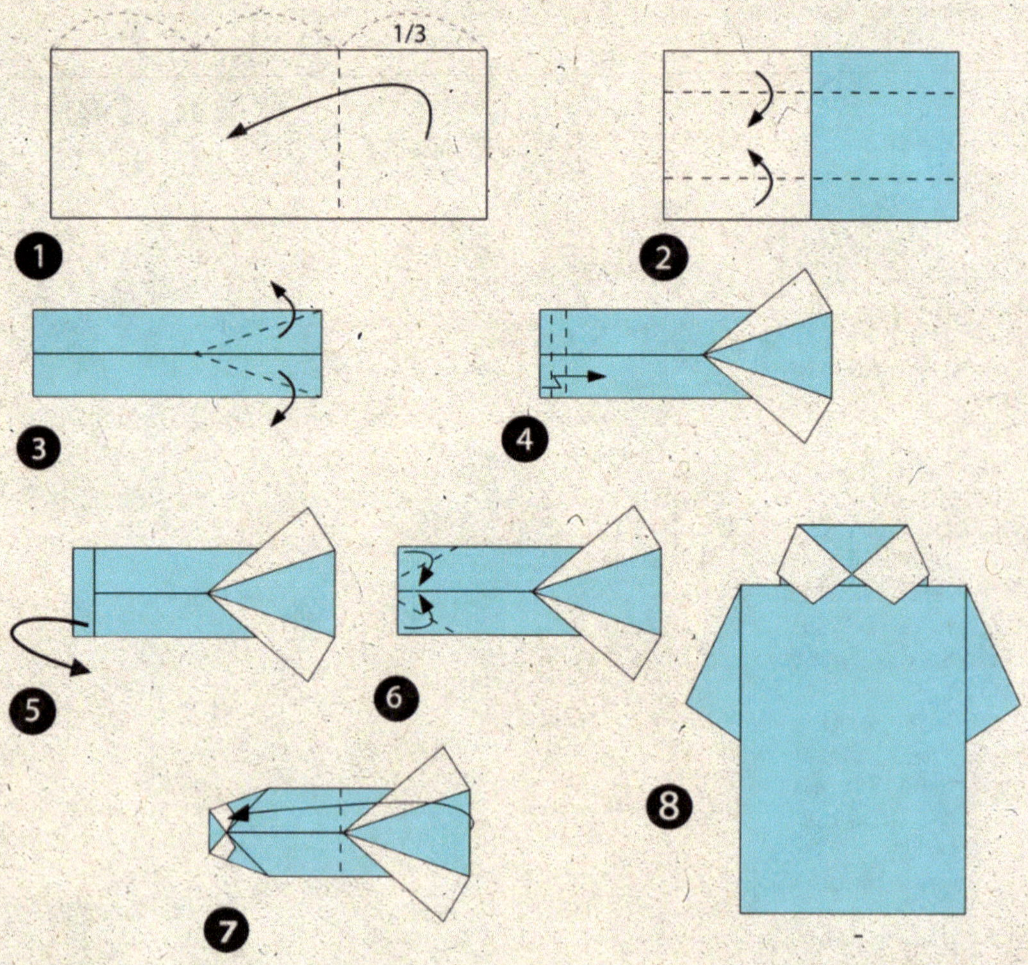

Labyrinth

Löse dieses Fußball-Labyrinth. Es gibt nur eine richtige Lösung.

WM Quiz

Teste dein WM und Fußballwissen mit diesem Quiz. Bist du ein echter Experte? Finde es heraus!

Allgemeines Fußballwissen

1. Wie viele Spieler stehen bei einem Fußballspiel pro Team auf dem Feld?
A: 9 B: 10 C: 11 D: 12

2. Wie lange dauert ein reguläres Fußballspiel?
A: 60 Min B: 80 Min C: 90 Min D: 100 Min

3. Was zeigt der Schiedsrichter bei einem besonders harten Foul?
A: Rote Karte B: Blaue Karte C: Schwarze Karte D: Grüne Karte

4. Wie heißt der Bereich, aus dem ein Elfmeter geschossen wird?
A: Torraum B: Strafraum C: Mittellinie D: Seitenraum

5. Was passiert, wenn ein Spiel unentschieden endet und ein Gewinner nötig ist?
A: Münzwurf B: Armwrestling C: Elfmeterschießen D: 5-Minuten-Spiel

6. Wie viele Punkte gibt es für einen Sieg in der Liga?
A: 1 B: 2 C: 3 D: 4

7. Was ist ein „Hattrick"?
A: Drei Tore von drei Spielern
B: Drei Tore in einem Spiel von einem Spieler
C: Ein Trick vom Trainer
D: Ein Tor in jeder Halbzeit

8. Welches Körperteil ist im Fußball verboten zu benutzen?
A: Kopf B: Knie C: Hand/Arm (außer Torwart) D: Brust

9. Wie viele Schiedsrichter sind normalerweise im Einsatz (inkl. VAR)?
A: 1 B: 3 C: 4 D: 6

10. Wo wird ein Abstoß ausgeführt?
A: Neben dem Tor
B: Von der Mittellinie
C: Von der Torlinie
D: Vom Strafstoßpunkt

WM-Wissen allgemein

11. Welche Nation ist Rekordweltmeister?
A: Deutschland B: Brasilien C: Argentinien D: Italien

12. Wie oft findet die Fußball-WM statt?
A: Alle 2 Jahre B: Jedes Jahr C: Alle 4 Jahre D: Alle 6 Jahre

13. Wie heißt das Endspiel einer WM?
A: Super Bowl B: Finale C: Weltpokal D: Masters Game

14. Welche Mannschaft gewann die WM 2014?
A: Deutschland B: Brasilien C: Argentinien D: Spanien

15. Welches Tier war das WM-Maskottchen 2014?
A: Löwe B: Faultier C: Gürteltier D: Papagei

16. Welche Farbe hat der WM-Pokal?
A: Silber B: Gold C: Bronze D: Grün

17. Welches Land war 2018 Gastgeber der WM?
A: Russland B: Deutschland C: Südafrika D: USA

18. Wer hält den Rekord für die meisten WM-Tore?
A: Ronaldo (BRA) B: Miroslav Klose C: Messi D: Müller

WM Quiz

19. Wie viele Spieler stehen beim Elfmeterschießen bereit?
A: 5 pro Team B: 3 pro Team C: 10 pro Team D: 7 pro Team

20. Wer war der älteste WM-Spieler aller Zeiten?
A: Buffon B: Mondragón C: Essam El-Hadary D: Chilavert

WM-Sensationen & Rekorde

21. Welches afrikanische Team erreichte 2022 das WM-Halbfinale?
A: Nigeria B: Ghana C: Kamerun D: Marokko

22. Wer erzielte den schnellsten WM-Hattrick?
A: Gerd Müller B: László Kiss C: Pelé D: Kane

23. Welche Mannschaft gewann 1954 das „Wunder von Bern"?
A: Ungarn B: Italien C: Deutschland D: Österreich

24. Welches Team gewann die erste WM 1930?
A: Frankreich B: Argentinien C: Uruguay D: Brasilien

25. Wer traf als erster Spieler in fünf verschiedenen WMs?
A: Messi B: Ronaldo C: Pelé D: Maradona

26. Wie viele Teams nahmen an den meisten früheren WMs teil (bis 2022)?
A: 16 B: 24 C: 28 D: 32

27. Was war 1950 besonders?
A: Keine Gruppenphase
B: Kein Finale
C: Keine Zuschauer
D: Finale ohne Tore

QUIZ TIME

28. Welches Team war 2002 der Überraschungsschreck?
A: Japan B: Senegal C: England D: Portugal

29. Welcher Torhüter hielt 2018 einen Elfmeter als ältester Spieler der WM-Geschichte?
A: Buffon B: Navas C: El-Hadary D: Neuer

30. Welches Team verlor 2014 ein WM-Halbfinale 1:7?
A: Argentinien B: Spanien C: Deutschland D: Brasilien

WM 2026 – Wissen & Neues Format

31. In wie vielen Ländern findet die WM 2026 statt?
A: 1 B: 2 C: 3 D: 4

32. Welche Länder sind Gastgeber 2026?
A: USA, Mexiko, Kanada
B: USA, Brasilien, Kanada
C: USA, Mexiko, Spanien
D: USA, England, Kanada

33. Wie viele Teams nehmen 2026 teil?
A: 32 B: 40 C: 48 D: 52

34. Welcher Kontinent stellt 2026 die meisten Teams?
A: Europa B: Afrika C: Asien D: Südamerika

35. Welches Land ist 2026 erstmals Gastgeber?
A: Mexiko B: Kanada C: USA D: Nigeria

36. Wie viele Stadien werden 2026 ungefähr genutzt?
A: 8 B: 12 C: 16 D: 20

37. Welche Stadt gehört zu den 2026-Austragungsorten?
A: Rom B: Los Angeles C: Sydney D: Tokio

WM Quiz

38. **Wie wird das Turnier 2026 beschrieben?**
A: Die kleinste WM aller Zeiten
B: Die größte WM aller Zeiten
C: Die fairste WM aller Zeiten
D: Die kürzeste WM aller Zeiten

39. **Warum gibt es 2026 mehr Teilnehmer?**
A: Für mehr Vielfalt weltweit
B: Wegen Regeländerung im Tor
C: Weil weniger Stadien gebaut wurden
D: Damit nur neue Länder teilnehmen

40. Was soll die WM 2026 besonders fördern?
A: Mehr Regeln
B: Mehr Schiedsrichter
C: weltweite Fußballentwicklung
D: längere Halbzeiten

WM-Sensationen & Rekorde

41. Wie nennt man den Spieler im Tor?
A: Stürmer B: Verteidiger C: Torwart D: Läufer

42. Was ist beim Einwurf wichtig?
A: Ein Bein heben
B: Beide Hände benutzen
C: Springen
D: Mit dem Fuß werfen

QUIZ TIME

43. Wie nennt man ein Spiel zwischen zwei Nachbarländern?
A: Derby B: Lokal-Duell C: Nachbarschaftsspiel D: Klassiker

44. Wer pfeift ein Spiel?
A: Linienrichter B: Schiedsrichter C: Balljunge D: Trainer

45. Welche Form hat ein Fußballfeld?
A: Kreis B: Quadrat C: Rechteck D: Dreieck

46. Wie viele Ecken gibt es auf einem Fußballfeld?
A: 2 B: 4 C: 6 D: 8

47. Was passiert nach einem Foul im Strafraum?
A: Einwurf B: Freistoß C: Ecke D: Elfmeter

48. Wofür steht „VAR"?
A: Video Assistant Referee
B: Very Active Referee
C: Video Action Replay
D: Visual Assistant Run

49. Wer darf den Ball bei einem Einwurf nicht berühren?
A: Schiedsrichter
B: Zuschauer
C: Gegner direkt vor dem Werfer
D: Der Torwart

50. Was ist ein „Volley"?
A: Ein Schuss direkt aus der Luft
B: Ein Schuss im Sitzen
C: Ein Schuss im Liegen
D: Ein Schuss vom eigenen Strafraum

14

WM Bingo

Beim WM-Bingo kannst du während der Spiele mitfiebern und jedes Ereignis direkt abhaken – wer zuerst eine Reihe voll hat, gewinnt!

Tor!	Ecke	Abseits	Gelbe Karte	Rote Karte
Freistoß	Elfmeter	Parade des Torwarts	Kopfball	Lattentreffer
Jubel der Fans	Trainer gestikuliert wild		Spieler liegt am Boden	Wechsel
Einwurf	VAR-Überprüfung	Foul	Ball geht ins Aus	Abwehr rettet in letzter Sekunde
Fan mit bemaltem Gesicht	Torjubel-Salto oder besondere Jubelgeste	Kommentator ruft „Unglaublich!“	Zuschauer pfeifen	Ein Spieler kniet, um seine Schuhe zu binden

15

Finde 7 Unterschiede

In diesem Bild haben sich 7 Fehler versteckt. Kannst du sie alle finden?

Wortsuche WM

Kannst du alle 20 Wörter in diesem Suchsel finden?
Viel Spaß!

E	X	E	F	A	N	S	J	M	E	Q	W	D	J	T	P	Q	O	E	H	O	H
L	O	Z	T	W	Q	D	H	N	X	A	I	K	T	N	U	E	W	M	E	F	N
F	X	K	F	H	S	I	I	G	J	R	Y	A	P	R	A	H	H	T	T	O	R
E	S	Z	L	A	Z	T	K	O	D	C	I	N	D	V	P	J	W	O	W	Y	E
T	F	S	B	B	H	R	O	S	E	S	C	S	R	B	T	U	E	R	M	B	C
E	I	P	I	S	B	A	F	P	J	T	K	T	B	O	O	B	K	W	2	G	Q
R	L	T	B	E	C	I	R	I	I	Z	F	O	K	G	T	E	M	A	T	R	E
Y	M	E	T	I	D	N	E	E	F	F	P	S	Q	Q	H	L	B	R	2	M	T
N	Y	V	X	T	M	E	I	L	I	H	S	S	C	N	P	S	Y	T	6	O	L
T	Q	D	B	S	T	R	S	C	N	S	P	H	E	A	V	O	B	L	N	H	I
G	J	D	K	B	X	S	T	L	A	Y	Q	C	E	I	W	O	B	O	A	C	G
N	U	K	D	L	T	S	O	H	L	B	F	T	W	O	W	Q	B	I	X	L	D
E	P	H	V	S	V	D	S	R	E	D	Z	P	Y	R	B	H	R	R	O	Y	T
P	A	G	I	F	E	L	S	V	S	A	U	A	W	W	O	B	I	X	I	Y	P
Z	S	W	E	D	L	L	C	R	Z	K	C	P	I	H	Z	Y	D	C	D	V	M
C	S	O	S	G	B	B	M	G	V	G	M	L	V	Y	S	S	R	B	F	U	L
T	H	G	X	M	J	L	O	U	A	N	O	H	X	E	C	A	I	G	M	D	C
O	U	R	S	T	A	D	I	O	N	S	R	L	I	G	A	R	B	V	U	R	Y
I	J	G	L	G	X	A	H	G	L	I	R	L	R	T	Q	B	B	E	O	Y	W
F	T	H	O	J	J	Q	T	Q	K	A	W	F	N	F	Q	A	E	C	W	Q	I
O	Y	M	U	G	R	U	P	P	E	K	K	H	X	P	G	L	L	K	I	V	S
Q	T	Q	C	L	H	F	P	K	A	R	T	E	N	L	A	L	N	E	L	T	G

Diese Wörter sind versteckt:

1. TOR
2. PASS
3. BALL
4. ECKE
5. FANS
6. FINALE
7. GRUPPE
8. SPIEL
9. KARTEN
10. FREISTOSS
11. ELFETER
12. STADION
13. TRAINER
14. TORWART
15. ANSTOSS
16. JUBEL
17. LIGA
18. DRIBBELN
19. ABSEITS
20. WM2026

17

Finde den Schatten

**Finde den passenden Schatten zu dem Bild.
Es gibt nur eine richtige Lösung.**

18

So zeichnest du...

Hier hast du eine Schritt für Schritt Vorlage für einen Fußball. Zeichne nach!

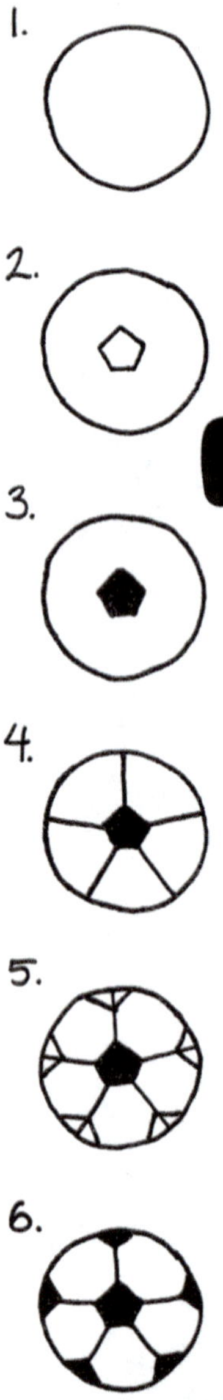

Verbinde die Punkte

19

Verbinde die Punkte in aufsteigender Reihenfolge und schaue, welche Figur hier entsteht.

20

Zähle.....

Zähle, wie viele Katzen den Ball nach rechts spielen und wie viele Katzen den Ball nach links spielen.

Male aus

Hier hast du eine Malvorlage. Male diese möglichst bunt aus.

Labyrinth

Finde den Weg zum Tor und sammle dabei alle Fußbälle ein.

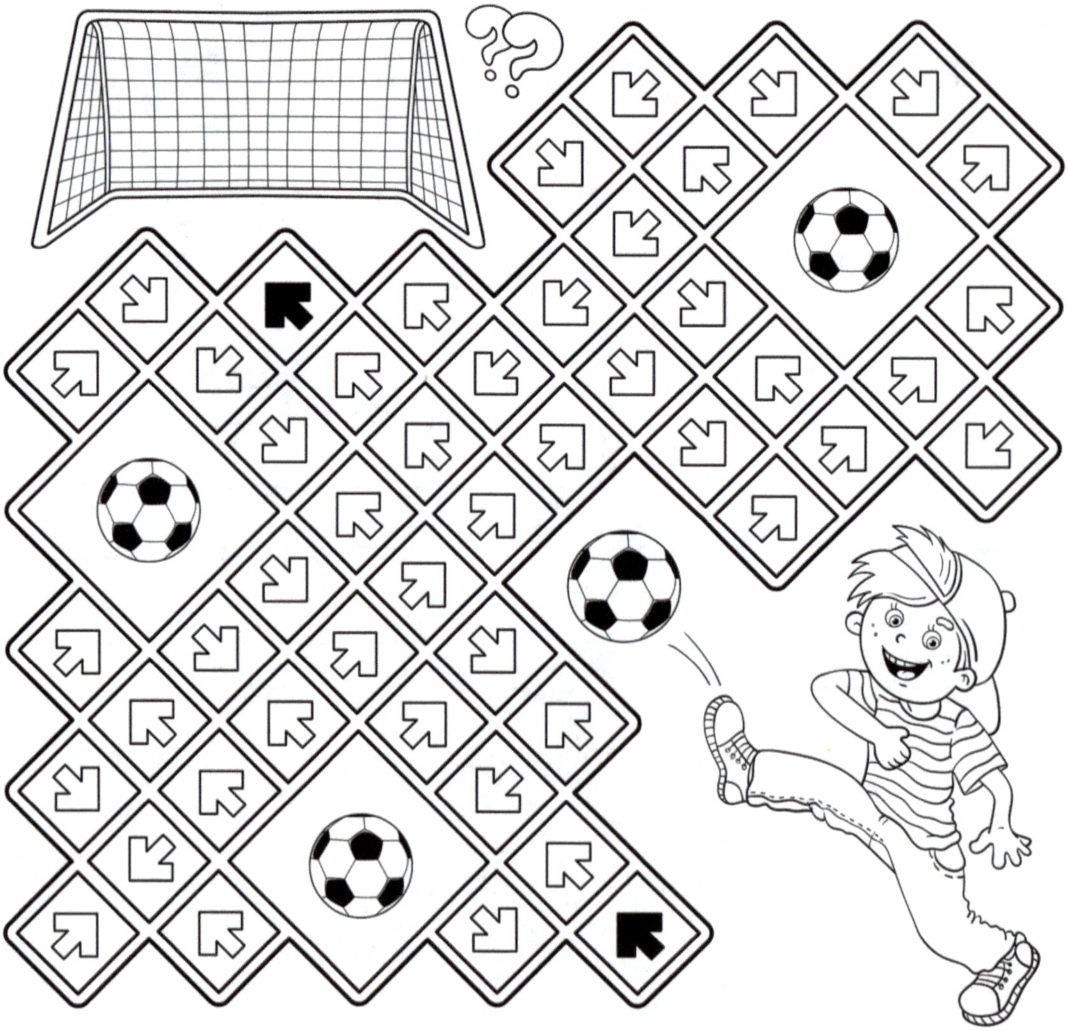

Wortsuche WM Länder

23

Finde in diesem Suchsel 20 von 48 WM Teilnehmern.

Q	C	O	E	R	K	W	L	U	O	B	B	G	J	Y	W	D	G	R	W	N	E	P	M	K
G	M	W	Q	Z	S	P	E	V	Y	J	N	W	V	K	E	D	X	V	K	S	M	U	S	B
L	Z	G	S	A	D	V	N	I	E	D	E	R	L	A	N	D	E	F	O	O	U	M	D	U
H	E	J	P	C	N	D	G	U	F	T	K	R	O	A	T	I	E	N	L	X	U	V	B	U
L	T	H	A	B	X	Z	L	H	W	Q	B	I	T	Y	D	E	F	E	U	S	Y	O	F	U
Q	Q	H	N	W	I	N	A	E	G	O	A	D	E	X	U	G	I	Q	M	K	G	Q	P	R
R	L	T	I	Y	V	V	N	K	N	Y	R	C	Y	R	N	C	O	D	B	Z	W	C	L	S
D	I	N	E	L	T	G	D	T	E	S	G	U	E	J	H	N	Y	M	I	W	M	G	S	M
M	F	D	N	A	E	H	M	M	U	B	E	S	P	H	G	Q	H	E	E	Y	A	T	F	C
E	J	F	M	K	M	E	I	F	S	Y	N	R	R	A	T	Y	N	A	N	T	R	L	W	X
X	K	M	Z	H	D	G	V	L	E	B	T	Q	P	I	P	C	V	U	F	E	O	G	S	O
I	H	C	J	U	Q	J	R	Y	E	R	I	I	M	S	N	Z	W	S	G	J	K	F	P	K
K	H	P	A	S	E	U	H	R	L	R	N	V	X	S	Z	B	Y	T	H	X	K	G	W	X
O	K	L	P	C	U	U	P	F	A	L	I	J	U	J	F	R	G	R	E	P	O	T	K	F
F	N	O	A	P	E	Q	O	E	N	I	E	V	D	H	R	A	B	A	Z	G	F	Z	A	Q
T	O	C	N	L	Z	Z	R	C	D	L	N	Y	E	U	A	S	Y	L	O	T	G	H	N	F
U	R	U	G	U	A	Y	T	J	H	F	U	B	U	S	N	I	C	I	K	N	P	B	A	C
U	X	S	J	O	C	K	U	O	J	K	D	E	T	A	K	L	C	E	X	W	U	A	D	Z
T	F	D	K	X	G	V	G	Y	L	Q	V	L	S	D	R	I	G	N	L	I	H	U	A	Y
Q	A	U	U	B	Y	E	A	C	A	Q	H	G	C	S	E	E	A	P	N	X	W	I	F	V
S	E	N	E	G	A	L	L	O	U	I	X	I	H	L	I	N	G	I	W	B	K	B	I	J
Q	F	H	R	S	R	I	X	H	A	A	L	E	L	M	C	H	Y	O	J	T	E	G	C	O
J	N	W	J	J	O	L	B	L	R	B	Y	N	A	O	H	L	Y	F	C	T	J	M	Z	Y
A	K	J	B	S	P	E	F	R	H	P	L	O	N	X	X	K	J	O	F	K	U	L	I	P
I	Y	P	J	W	V	Q	I	Q	M	B	U	P	D	S	O	I	L	F	B	Y	M	O	R	C

Diese Wörter sind versteckt:

1. USA
2. Kanada
3. Mexiko
4. Argentinien
5. Brasilien
6. Deutschland
7. Frankreich
8. Spanien
9. England
10. Niederlande
11. Portugal
12. Belgien
13. Kroatien
14. Uruguay
15. Kolumbien
16. Japan
17. Australien
18. Marokko
19. Senegal
20. Neuseeland

Challenges

Bewegung-Challenges

1. 1-Minute-Dribbler
Dribble den Ball 60 Sekunden lang, ohne dass er dir wegrollt.
Erledigt am: _______________

2. Torwand-Challenge
Versuche dreimal hintereinander ein Ziel wie Karton oder Kegel zu treffen.
Erledigt am: _______________

3. Zickzack-Sprint
Renne so schnell du kannst im Slalom um Bücher oder Flaschen herum.
Erledigt am: _______________

4. Ballstopp-Profi
Stoppe den Ball zehnmal hintereinander sauber mit dem Fuß.
Erledigt am: _______________

5. Einhorn-Jubel
Erfinde deinen eigenen, witzigen Torjubel und führe ihn vor.
Erledigt am: _______________

Challenges

Bewegung-Challenges

6. Linke-Fuß-Challenge
Schieße fünfmal nur mit deinem schwachen Fuß auf ein Ziel.
Erledigt am: ________________

7. Passe wie ein Pro
Spiele zwanzig Pässe gegen eine Wand, ohne dass der Ball stehen bleibt.
Erledigt am: ________________

8. Stammspieler-Workout
Mache 10 Kniebeugen, 10 Sprünge und einen 10-Sekunden-Sprint wie ein echter Profi.
Erledigt am: ________________

9. Balance-Trick
Balanciere den Ball fünf Sekunden lang auf deinem Fußrücken.
Erledigt am: ________________

10. Schattendribbeln
Dribble einem Freund oder Geschwisterkind hinterher, als würdest du seinen Schatten jagen.
Erledigt am: ________________

Challenges

Kreative Challenges

11. Male deinen WM-Helden
Zeichne deinen Lieblingsspieler als Comicfigur – so bunt und kreativ, wie du möchtest.
Erledigt am: _______________

12. Erfinde ein Team-Logo
Gestalte ein eigenes Fußball-Logo für dein Fantasie-Team oder für deine Familie.
Erledigt am: _______________

13. Bau ein Mini-Stadion
Nutze Lego, Karton oder Papier, um ein kleines Stadion mit Tribünen zu bauen.
Erledigt am: _______________

14. Trikot-Designer
Entwirf ein cooles WM-Trikot in deinen Lieblingsfarben.
Erledigt am: _______________

15. WM-Song
Schreibe einen kurzen Jubel-Song oder Reim, den du während der WM singen kannst.
Erledigt am: _______________

Challenges

Kreative Challenges

16. Sticker-Erfinder
Male deinen eigenen Spieler-Sticker und gib ihm Werte für Geschwindigkeit, Kraft und Technik.
Erledigt am: ________________

17. Fantasie-Maskottchen
Erfinde ein WM-Maskottchen und gib ihm einen lustigen Namen und eine besondere Fähigkeit.
Erledigt am: ________________

18. Mein Traumfinale
Male das WM-Finale, wie du es gerne sehen würdest – inklusive Ergebnisanzeige.
Erledigt am: ________________

19. WM-Poster gestalten
Erstelle ein eigenes Poster zur Weltmeisterschaft, das du an die Wand hängen kannst.
Erledigt am: ________________

20. Eigenes WM-Logo
Kreiere ein offizielles Logo für deine persönliche WM – deiner Fantasie sind keine Grenzen gesetzt.
Erledigt am: ________________

Challenges

Wissens- und Denk-Challenges

21. Top-3-Spieler-Ranking
Wähle deine drei Lieblingsspieler der WM und schreibe auf, warum du sie so stark findest.
Erledigt am: _______________

22. Länder-Challenge
Nenne zehn Länder, die an der WM teilnehmen – ganz ohne nachzuschauen.
Erledigt am: _______________

23. Flaggen-Quiz
Male fünf Flaggen der WM-Teilnehmer aus dem Gedächtnis.
Erledigt am: _______________

24. Trainer-Taktik
Zeichne deine Startelf in einer Formation wie 4-3-3 oder 4-4-2.
Erledigt am: _______________

25. Stadien-Finder
Finde ein WM-2026-Stadion auf einer Karte von USA, Kanada oder Mexiko.
Erledigt am: _______________

Challenges

Wissens- und Denk-Challenges

26. WM-Rekordjäger
Notiere drei WM-Rekorde, die dich überraschen oder beeindrucken.
Erledigt am: _______________

27. Mini-Interview
Schreibe drei Fragen auf, die du einem Fußballprofi stellen würdest.
Erledigt am: _______________

28. Vorhersage-Challenge
Tippe den Weltmeister, das Überraschungsteam und den Torschützenkönig der WM.
Erledigt am: _______________

29. Regel-Checker
Erkläre die Abseitsregel in deinen eigenen Worten – so einfach wie möglich.
Erledigt am: _______________

30. WM-Memory
Erstelle sechs Memory-Paare (z. B. Flaggen, Spielersymbole oder Bälle).
Erledigt am: _______________

Challenges

Spaß- und Gruppen-Challenges

31. Kommentatoren-Duell
Kommentiere eine Spielszene so, als wärst du ein echter Reporter im Stadion.
Erledigt am: _______________

32. Torjubel-Battle
Tritt gegen Freunde oder Familie an und zeigt euch gegenseitig eure besten Torjubel.
Erledigt am: _______________

33. Fan-Chor-Challenge
Erfinde mit anderen einen kurzen Fangesang und singt ihn gemeinsam.
Erledigt am: _______________

34. Wer bin ich? – Fußballer-Edition
Beschreibe einen berühmten Spieler, ohne seinen Namen zu nennen – die anderen raten.
Erledigt am: _______________

35. WM-Würfeln
Würfle – und wenn du eine 1 oder 6 bekommst, mache einen Jubel oder ein Fußballgeräusch.
Erledigt am: _______________

Challenges

Spaß- und Gruppen-Challenges

36. Kopfball-Staffel
Versuche, den Ball nur mit dem Kopf zu einem Partner weiterzugeben.
Erledigt am: _______________

37. Emoji-WM
Stelle eine Fußballszene nur mit Emojis dar – andere müssen erraten, was passiert.
Erledigt am: _______________

38. Stille-Fan-Challenge
Sei zwei Minuten lang ganz still und beobachte das Spiel – danach schreibst du deine Eindrücke auf.
Erledigt am: _______________

39. Tanz den Anstoß
Erfinde einen kleinen Tanz, den du immer zum Spielbeginn aufführst.
Erledigt am: _______________

40. Straßenfußball-Challenge
Spiele ein kleines 2-gegen-2-Match im Garten, Hof oder Park – Straßenfußball-Style!
Erledigt am: _______________

25

Kreuzworträtsel WM

Löse dieses WM Kreuzworträtsel

4. Die Farbe des WM-Pokals

6. Spieler, der das Tor verteidigt

7. Orte, in denen die WM-Stadien stehen

8. Was der Schiedsrichter bei einem Foul zeigt

12. Tier oder Figur, die oft ein WM-Maskottchen darstellt

13. Südamerikanisches Land mit vielen WM-Titeln

14. Einer der drei Gastgeberstaaten der WM 2026

1. Wettbewerb, bei dem 48 Länder antreten

2. Das Sportgerät, ohne das kein Spiel funktioniert

3. Das wichtigste Spiel des Turniers

5. Sieger der WM 2014

9. So beginnt ein Fußballspiel

10. Teil des Spielfelds, in dem Elfmeter entstehen

11. Das machen Fans im Stadion: La Ola

17

Finde den Schatten

**Finde den passenden Schatten zu dem Bild.
Es gibt nur eine richtige Lösung.**

27

Finde die Unterschiede

In diesem Bild haben sich 7 Fehler versteckt. Kannst du sie alle finden?

28

Kreuzworträtsel WM 2

Löse dieses WM Kreuzworträtsel

3. Gastgeberland der WM 2026
4. Reaktion nach einem Tor
6. Den Ball geschickt am Fuß führen
7. Schuss nach einem Regelverstoß
9. Menschen, die ihre Mannschaft anfeuern
10. Leitet die Mannschaft von der Seitenlinie
11. er Strafstoß nach Foul im Strafraum

1. Wo der Ball landet, wenn ein Tor erzielt wird
2. Einer der drei Ausrichter der WM 2026
5. Regel, die falsche Angriffe verhindert
7. Mannschaft, die das Endspiel erreicht
8. Ort, an dem die WM-Spiele stattfinden
12. Standardsituation von der Spielfeldseite
14. Trophäe für den Weltmeister

Finde den Schatten

Hier siehst du eine Figur. Kannst du zu dieser Figur auch den rihtigen Schatten finden?

WM Rezepte

USA: MINI-HOTDOGS IM BRÖTCHENBETT

PORTIONEN: CA. 6 MINI-HOTDOGS ZUBEREITUNGSZEIT: 10 MINUTEN

ZUTATEN

- 6 Mini-Würstchen
- 6 kleine Brötchen oder Milchbrötchen
- Ketchup
- Senf

ZUBEREITUNG

1. Die Brötchen der Länge nach vorsichtig einschneiden.
2. Mini-Würstchen kurz erwärmen (Mikrowelle oder heißes Wasser).
3. Die Würstchen in die Brötchen legen.
4. Mit Ketchup und Senf verzieren – gerne im Fußballmuster!

TIPP

Tipp 1: Mit Käse, Gurkenscheiben oder Mais kannst du die Hotdogs bunter und knuspriger machen.

Tipp 2: Verziere sie mit Ketchup- oder Senfstreifen in den Farben deines Lieblingsteams.

Tipp 3: Stecke kleine selbstgemalte Fan-Fähnchen hinein – sieht super aus und macht Spaß!

USA: FOOTBALL-PIZZA-BROTE

PORTIONEN: 4 PIZZA-BROTE

ZUBEREITUNGSZEIT: 10–12 MINUTEN

ZUTATEN

- 4 Scheiben Toastbrot
- 4 EL Tomatensoße
- Geriebener Käse
- Mini-Salami oder Gemüsewürfel

ZUBEREITUNG

1. Toastscheiben mit Tomatensoße bestreichen.
2. Käse darüberstreuen und mit Salami oder Gemüse belegen.
3. Im Ofen 5–7 Minuten backen, bis der Käse geschmolzen ist.

TIPP

Tipp 1: Lege die Salami wie ein Football-Muster – sieht super aus!

Tipp 2: Für mehr Farbe einfach Mais oder Paprika dazugeben.

Tipp 3: Kinder mögen es milder – also nicht zu viel Soße verwenden.

WM Rezepte

USA: BUNTE FRUIT-CUPS ‚STARS & STRIPES“

PORTIONEN: 2–3 PORTIONEN

ZUBEREITUNGSZEIT: 5 MINUTEN

ZUTATEN

- Erdbeeren
- Bananen
- Blaubeeren
- Zwei kleine Gläser oder Schälchen

ZUBEREITUNG

1. Obst waschen und in Stücke schneiden.
2. Erdbeeren, Bananen und Blaubeeren schichtweise in die Gläser füllen – rot, weiß, blau.
3. Direkt genießen oder kurz kaltstellen.

TIPP

Tipp 1: Für extra Süße einen kleinen Löffel Joghurt zwischen die Schichten geben.

Tipp 2: Mit Minzblättern dekorieren – sieht richtig frisch aus!

Tipp 3: Tiefkühl-Blaubeeren funktionieren auch und kühlen im Sommer super.

MEXIKO: MILDES KINDER-GUACAMOLE-DIP-SET

PORTIONEN: 2–3 PORTIONEN

ZUBEREITUNGSZEIT: 5–7 MINUTEN

ZUTATEN

- 1 reife Avocado
- 1 TL Zitronensaft
- 1 Prise Salz
- 1 kleine Tomate (fein gewürfelt, optional)
- Milde Tortilla-Chips

ZUBEREITUNG

1. Die Avocado aufschneiden, aushöhlen und in einer Schüssel zerdrücken.
2. Zitronensaft und Salz dazugeben, alles gut vermischen.
3. Optional: Feine Tomatenwürfel unterrühren und mit Tortilla-Chips servieren.

TIPP

Tipp 1: Für Kinder ohne Stückchen die Guacamole einfach kurz pürieren.

Tipp 2: Ein paar Maiskörner machen die Dip-Schale bunter und süßer.

Tipp 3: Für mehr Spaß: Chips in Fußballform anbieten – schmeckt gleich noch cooler!

MEXIKO: MINI-QUESADILLAS

PORTIONEN: 2–3 PORTIONEN

ZUBEREITUNGSZEIT: 5–7 MINUTEN

ZUTATEN

- 2 große Weizentortillas
- Geriebener Käse (mild)
- Optional: Mais, Tomatenwürfel, Paprika

ZUBEREITUNG

1. Eine Tortilla mit Käse bestreuen und mit einer zweiten Tortilla abdecken.
2. In der Pfanne kurz erhitzen, bis der Käse schmilzt.
3. In Dreiecke schneiden und warm servieren.

TIPP

Tipp 1: Mit Mais oder Tomaten wird die Quesadilla bunter und saftiger.

Tipp 2: Weniger Käse macht sie leichter – ideal für jüngere Kinder.

Tipp 3: Schneide sie in Mini-Dreiecke, damit Kinder sie besser greifen können.

MEXIKO: SÜẞER WM-MEXICO-MAIS

PORTIONEN: 2–3 PORTIONEN

ZUBEREITUNGSZEIT: 10 MINUTEN

ZUTATEN

- 1 großer Maiskolben oder 1 Dose Mais
- 1 EL Butter
- 1 Prise Salz

ZUBEREITUNG

1. Den Maiskolben kochen oder Mais aus der Dose kurz erwärmen.
2. Die warme Butter darüber geben und schmelzen lassen.
3. Eine kleine Prise Salz hinzufügen und gut verrühren.

TIPP

Tipp 1: Mit etwas Käse wird der Mais extra cremig und mild.

Tipp 2: Für mehr Farbe kannst du ein paar Paprikawürfel hinzufügen.

Tipp 3: Kinder mögen es süßer – ein kleiner Tropfen Honig passt super dazu.

WM Rezepte

KANADA: AHORNSIRUP-PANCAKE-SPIEẞE

PORTIONEN: 4 SPIESSE

ZUBEREITUNGSZEIT: 10 MINUTEN

ZUTATEN

- Mini-Pancakes (fertig oder selbst gemacht)
- Erdbeeren
- Bananenscheiben
- Ahornsirup
- Holzspieße

ZUBEREITUNG

1. Mini-Pancakes und Obst vorbereiten (schneiden).
2. Pancakes, Erdbeeren und Bananen abwechselnd auf Spieße stecken.
3. Mit etwas Ahornsirup beträufeln und sofort genießen.

TIPP

Tipp 1: Verwende bunte Früchte für extra WM-Fanfarbe.

Tipp 2: Für weniger Kleckerei: Ahornsirup in einem kleinen Dipp-Schälchen servieren.

Tipp 3: Mit kleinen Flaggen als Dekoration sehen die Spieße besonders cool aus.

KANADA: KARTOFFEL-WEDGES MIT DIP

PORTIONEN: 2–3 PORTIONEN

ZUBEREITUNGSZEIT: 25–30 MINUTEN

ZUTATEN

- 3–4 große Kartoffeln
- 1–2 EL Öl
- 1 TL Paprika
- 1 TL Salz
- Ketchup oder Joghurt-Dip

ZUBEREITUNG

1. Kartoffeln waschen, in Spalten schneiden und in einer Schüssel mit Öl, Paprika und Salz mischen.
2. Auf ein Backblech legen und bei 200 °C ca. 20–25 Minuten backen, bis sie goldbraun sind.
3. Mit einem milden Dip servieren – perfekt für kleine Fußballfans.

TIPP

Tipp 1: Süßkartoffeln schmecken besonders mild und süß – ideal für Kinder.

Tipp 2: Schneide die Wedges kleiner, damit sie schneller gar sind.

Tipp 3: Ein Joghurt-Dip mit etwas Zitrone passt super dazu.

31

Maskottchen malen

Erfinde dein eigenes WM-Maskottchen – gib ihm ein Gesicht, einen Namen und eine super Fähigkeit, die dein Team unterstützt!

Welche Form hat es? Ein Tier, ein Fantasiewesen oder vielleicht sogar ein kleiner Fußball?
Welche Farben trägt es? Wähle die Farben deines Lieblingsteams – oder erfinde neue!
Welche Superkraft hat es? Bringt es Glück? Ist es besonders schnell? Kann es mega laut jubeln?
Welche Kleidung trägt es? Ein Trikot? Ein Cape? Schuhe? Eine Mütze?
Wie heißt dein Maskottchen? Denk dir einen Namen aus, der zu seiner Persönlichkeit passt!

Fußballwitze

Fußball macht Spaß – und mit ein paar richtig guten Witzen wird jedes Spiel noch lustiger! Hier kannst du über die besten Fußballwitze lachen und deine eigenen erfinden.

Trainer zum Stürmer: „Du spielst heute gegen Heiner Holzbein." „Das ist ja schrecklich. Der tritt gegen alles, was sich bewegt!" Darauf der Trainer: „Dann besteht für dich ja keine Gefahr!"

Der Trainer: "Meine Fußballer sind jetzt fairer als früher. Nach dem Spiel gehen sie die Gegner im Krankenhaus besuchen."

Die Kickers-Spieler unterhalten sich mit ihren Fans. „Na, wie haben wir heute gespielt?" Ein Fan antwortet: „Letztes Wochenende ward ihr besser." Erstaunt fragt ein Spieler: „Wieso dass denn, letztes Wochenende haben wir doch gar nicht gespielt!" „Eben!" antwortet der Fan.

Was macht ein Niederländer, nachdem er die Europameisterschaft gewonnen hat? Er schaltet die Playstation aus.

"Vati, warum schimpfen die Menschen so mit diesem Mann?" "Er hat einen Stein nach dem Schiedsrichter geworfen." "Aber er hat ihn doch gar nicht getroffen." "Deswegen schimpfen sie ja so mit ihm."

Egal, wie neu euer Torwart ist – Manuel ist Neuer.

Dein Team

Stelle dein ganz persönliches Traumteam zusammen – wähle deine Lieblingsspieler, bestimme die Positionen und erschaffe die perfekte Mannschaft für die WM 2026!

- Welche Spieler wählst du aus? Nimm echte Stars, Geheimtipps – oder erfinde deine eigenen Superkicker!
- Welche Formation willst du spielen? 4-4-2, 4-3-3 oder vielleicht eine ganz neue Fantasie-Taktik?
- Welcher Stil passt zu deinem Team? Schnell und offensiv? Stark in der Verteidigung? Oder besonders kreativ im Mittelfeld?
- Wie heißen dein Team und dein Trainer? Du kannst selbst der Trainer sein – oder dir einen Fantasienamen ausdenken!

Fußballregeln

Fußball ist gar nicht so kompliziert – hier findest du die wichtigsten Regeln ganz einfach erklärt, damit du jedes WM-Spiel wie ein Profi verstehen kannst!

Abseits
Ein Spieler steht im Abseits, wenn er näher am Tor ist als der letzte Verteidiger und den Ball bekommt. So wird verhindert, dass jemand einfach vorne „wartet".

Foul
Ein Foul passiert, wenn ein Spieler einen anderen unfair stoppt – zum Beispiel schubst, tritt oder hält. Dann entscheidet der Schiedsrichter auf Freistoß.

Freistoß
Nach einem Foul bekommt das andere Team einen Freistoß. Der Ball wird an die Stelle gelegt, wo das Foul passiert ist.

Ecke (Eckball)
Es gibt Ecke, wenn ein Verteidiger den Ball über die eigene Torauslinie schießt. Dann darf das angreifende Team von der Ecke aus eine Flanke ins Spiel bringen.

Abstoß
Geht der Ball ohne Berührung eines Verteidigers ins Toraus, gibt es Abstoß. Der Torwart schießt den Ball dann aus dem Torraum wieder ins Feld.

Elfmeter
Ein Elfmeter wird gegeben, wenn ein Foul im Strafraum passiert. Der Schütze steht allein vorm Tor – eine super spannende Situation!

Deine WM Highlights

Hier kannst du all deine besonderen WM-Momente festhalten – deine Lieblingsspiele, die spannendsten Szenen und alles, was dich zum Lachen, Staunen oder Jubeln gebracht hat!

Mein witzigster Moment:

Mein Lieblingsspieler der WM

„Darum finde ich ihn cool: ________________"

Mein persönlicher WM-Sieger

Platz 1: _____
Platz 2: _____
Platz 3: _____
Plus: „Darum gewinnt mein Platz 1: __________"

Mein bester WM-Moment

z.B. Jubel
Überraschung
Last-Minute-Tor
Familienmoment

Das beste Tor der WM

„So ist es gefallen: ____________________“

Mein Lieblingsspiel

„Mein spannendstes WM-Spiel war: __________“

Meine WM-Statistik-Seite

Gesehene Spiele: __
Gesehene Tore: __
Lieblingsteam gespielt am: __
Mein Jubel-Index: 😀 😄 😁 🤩 (ankreuzen)

Zeichne deinen Highlight-Moment

(z. B. Tor, Jubel, Stadion, Spieler)

Verbessere dein Spiel

Hier erhätst du ein paar Tipps, wie du deine eigene Technik beim Fußball auf ein neues Level bringen kannst.

Defensives Verhalten optimieren

Ein guter Verteidiger ist wie ein Torwächter – immer bereit, seinen Bereich zu schützen und gefährliche Angriffe abzuwehren. Aber defensives Verhalten ist viel mehr als nur den Ball wegzuschlagen. Es ist eine Kunst, die Geschick, Mut und Köpfchen erfordert.
Zunächst einmal: Position ist alles. Stell dir vor, du bist ein Ritter, der eine Burg verteidigt. Du bleibst immer zwischen dem Angreifer und deinem Tor, um eine Mauer zu bilden, die schwer zu durchbrechen ist. Das nennt man „Deckungsspiel". Schau dabei nicht nur auf den Ball, sondern beobachte auch die Bewegungen des Gegners. So erkennst du früh, was er vorhat.
Ein weiterer Trick: Bleib geduldig! Viele Angreifer hoffen, dass du zu früh auf sie losgehst, damit sie dich mit einem schnellen Haken austricksen können. Stattdessen solltest du dich leicht in die Knie gehen und seitlich positionieren – so bist du bereit, in beide Richtungen zu reagieren.
Wichtig ist auch, mit deinen Teamkollegen zu kommunizieren. Ein lautes „Ich hab ihn!" zeigt, dass du den Balljäger übernimmst, während deine Mitspieler andere Gegenspieler abdecken können. Teamwork ist der Schlüssel zu einer unüberwindbaren Verteidigung.
Und vergiss nicht: Der erste Zweikampf beginnt schon im Kopf. Wenn du selbstbewusst und konzentriert auftrittst, spüren das auch die Gegner. Sie merken: An dir kommen sie nicht so leicht vorbei. Mit Übung und Wille wirst du so zu einem Verteidigungshelden für dein Team!

Spielfeldübersicht entwickeln

Wenn du ein großartiger Fußballspieler werden willst, brauchst du nicht nur schnelle Füße, sondern auch einen scharfen Blick! Die Spielfeldübersicht ist eine der wichtigsten Fähigkeiten, die ein Spieler haben kann. Sie hilft dir, jederzeit zu wissen, was auf dem Platz passiert – wo deine Mitspieler stehen, wo die Gegner lauern und wo sich die besten Chancen ergeben.
Stell dir vor, du bist der Kapitän eines Piratenschiffs. Du stehst oben auf dem Mast und kannst das gesamte Meer überblicken. So ähnlich funktioniert Spielfeldübersicht. Du lernst, den Kopf oben zu behalten und den Ball nicht nur mit deinen Füßen, sondern auch mit deinen Augen zu steuern. Schau dich um, bevor du den Ball bekommst – das nennt man „Scannen". Mit jedem Blick kannst du dir merken, wie sich alles auf dem Platz bewegt. Schon ein kurzer Blick kann darüber entscheiden, ob du den perfekten Pass spielst oder dem Gegner den Ball wegnimmst.
Übung macht den Meister! Ein einfacher Trick, um deine Übersicht zu verbessern, ist das Spielen in kleinen Gruppen. Auf engem Raum lernst du, schneller Entscheidungen zu treffen und deinen Blick zu schärfen. Spiele wie „Rondo", bei dem ein Spieler in der Mitte den Ball erobern muss, trainieren deine Reaktionsfähigkeit und dein Gespür für die Positionen der anderen.
Denke immer daran: Ein Spieler mit guter Spielfeldübersicht ist wie ein Schachmeister. Du bist immer einen Schritt voraus – und das macht dich auf dem Platz unschlagbar!

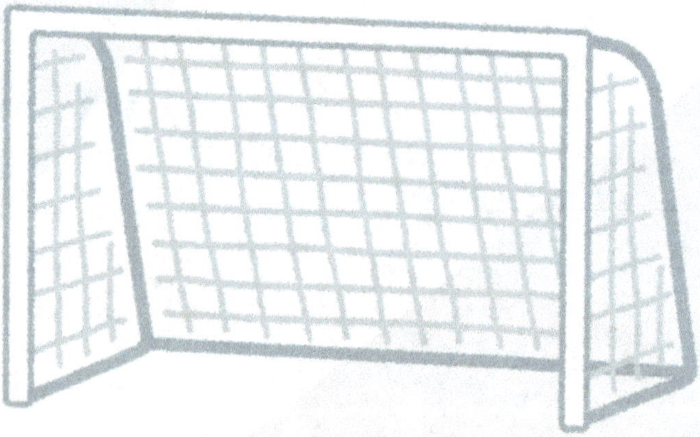

Ballannahme und -weitergabe

Wenn du ein richtig guter Fußballspieler werden willst, musst du nicht nur auf dem Platz Gas geben, sondern auch in der Küche! Ein ausgewogener Essensplan ist wie ein geheimer Super-Turbo für deinen Körper – er gibt dir die Energie, die du brauchst, um auf dem Platz alles zu geben, und hilft dir, dich schneller von anstrengenden Spielen und Trainings zu erholen.

Stell dir vor, dein Körper ist wie ein Rennwagen. Ohne den richtigen Treibstoff läuft da gar nichts. Dein Treibstoff sind Nährstoffe – Kohlenhydrate, Eiweiß, Fette, Vitamine und Mineralstoffe. Kohlenhydrate sind besonders wichtig, weil sie deinem Körper Energie liefern. Du findest sie zum Beispiel in Vollkornbrot, Nudeln oder Kartoffeln. Eiweiß ist der Baumeister deines Körpers – es hilft deinen Muskeln, stärker zu werden und sich nach dem Training zu erholen. Gute Quellen sind Fleisch, Fisch, Eier oder auch pflanzliche Alternativen wie Bohnen und Linsen.

Aber es geht nicht nur um das Was, sondern auch um das Wann! Iss vor einem Spiel keine Riesenportion, sonst liegt dir das Essen wie ein Stein im Magen. Stattdessen greifst du zu einem kleinen Snack, der leicht verdaulich ist – zum Beispiel eine Banane oder eine Handvoll Nüsse.

Und nicht vergessen: Viel trinken! Dein Körper verliert beim Training viel Flüssigkeit, die du mit Wasser oder verdünntem Saft wieder auffüllen solltest. Mit einem ausgewogenen Essensplan hast du die beste Grundlage, um auf dem Platz zu glänzen – und dein Team wird es dir danken!

Pressingstrategien: Gegner unter Druck setzen

Wenn du schon einmal ein Fußballspiel gesehen hast, hast du vielleicht bemerkt, wie eine Mannschaft plötzlich wie ein Schwarm Bienen auf den Ballführenden losgeht. Das ist Pressing! Es ist eine clevere Strategie, mit der Spieler versuchen, den Gegner so stark unter Druck zu setzen, dass er einen Fehler macht. Aber wie funktioniert das eigentlich genau?

Stell dir vor, du spielst mit deinem Team und der Gegner hat den Ball. Ihr wollt ihn nicht einfach laufen lassen, sondern ihn daran hindern, ein Tor zu schießen oder gefährliche Pässe zu spielen. Beim Pressing rennt ihr aber nicht einfach wie wild hinterher – ihr arbeitet zusammen! Euer Ziel ist es, den Gegner dazu zu bringen, den Ball zu verlieren.

Es gibt verschiedene Arten von Pressing. Beim Hochpressing greift ihr schon ganz vorne, direkt vor dem gegnerischen Tor, an. Das ist anstrengend, aber wenn es klappt, seid ihr blitzschnell in einer guten Position, um selbst ein Tor zu schießen! Beim Mittelfeldpressing stellt ihr das Zentrum zu, damit der Gegner gar nicht erst gefährlich nach vorne spielen kann. Und beim Tiefenpressing wartet ihr vor eurem eigenen Tor, um Angriffe abzufangen und dann schnell zu kontern.

Wichtig beim Pressing ist, dass ihr als Team agiert. Einer setzt den Ballführenden unter Druck, während die anderen die Passwege blockieren. So fühlt sich der Gegner eingekesselt – und zack, der Ball gehört euch! Pressing macht nicht nur Spaß, sondern zeigt auch, wie wichtig Teamwork ist.

Lösungen

FLAGGEN-AUFGABE 1 – Ordne die Farben zu

Schwarz – Rot – Gold
→ Deutschland
Blau – Weiß – Rot
→ Frankreich (alternativ: USA)
Grün – Gelb – Blau
→ Brasilien
Rot – Weiß – Grün
→ Mexiko

FLAGGEN-AUFGABE 2 – Finde das Land

A: „Meine Flagge hat einen großen gelben Diamanten in der Mitte."
→ Brasilien
B: „Meine Flagge hat ein weißes Ahornblatt."
→ Kanada
C: „Meine Flagge hat einen weißen Adler in der Mitte."
→ Mexiko

MINI-RÄTSEL – Anzahl der Flaggen
→ 12

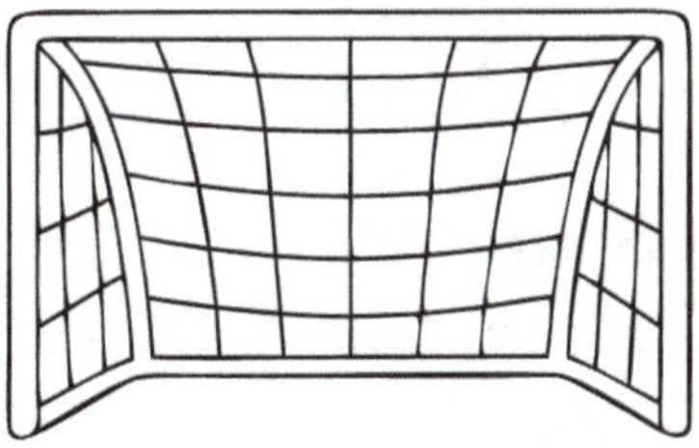

Aufgabe 9

Lösungen

Aufgabe 12

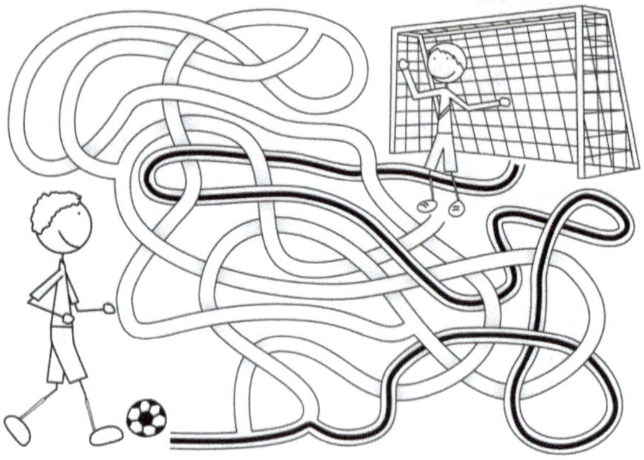

13.WM QUIZ

✅ LÖSUNGEN
1C, 2C, 3A, 4B, 5C, 6C, 7B, 8C, 9C, 10C
11B, 12C, 13B, 14A, 15C, 16B, 17A, 18B, 19A, 20C
21D, 22B, 23C, 24C, 25B, 26D, 27B, 28B, 29C, 30D
31C, 32A, 33C, 34A, 35B, 36C, 37B, 38B, 39A, 40C
41C, 42B, 43A, 44B, 45C, 46B, 47D, 48A, 49B, 50A

Aufgabe 15

Lösungen

Aufgabe 16

Lösung für "WM 2026 Wortsuche"

Finde die Wörter in diesem Suchsel- es sind insgesamt 20

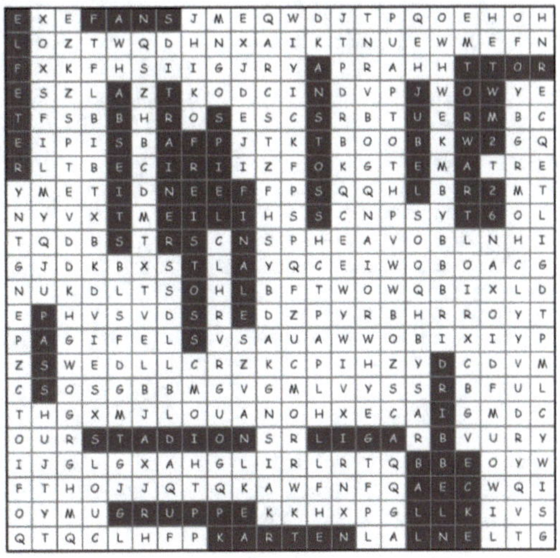

Diese Wörter sind versteckt:

1. TOR
2. PASS
3. BALL
4. ECKE
5. FANS
6. FINALE
7. GRUPPE
8. SPIEL
9. KARTEN
10. FREISTOSS
11. ELFETER
12. STADION
13. TRAINER
14. TORWART
15. ANSTOSS
16. JUBEL
17. LIGA
18. DRIBBELN
19. ABSEITS
20. WM2026

Aufgabe 17

Die richtige Lösung ist D

Lösungen

Aufgabe 19

Aufgabe 20

Links 17 und rechts 19

Lösungen

Aufgabe 22

Aufgabe 23

Lösung für "Wortsuchrätsel WM Teilnehmer"

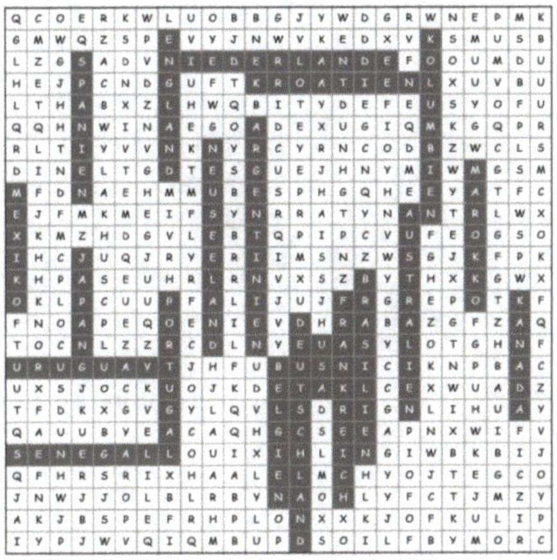

Diese Wörter sind versteckt:

1. USA
2. Kanada
3. Mexiko
4. Argentinien
5. Brasilien
6. Deutschland
7. Frankreich
8. Spanien
9. England
10. Niederlande
11. Portugal
12. Belgien
13. Kroatien
14. Uruguay
15. Kolumbien
16. Japan
17. Australien
18. Marokko
19. Senegal
20. Neuseeland

Lösungen

Aufgabe 25

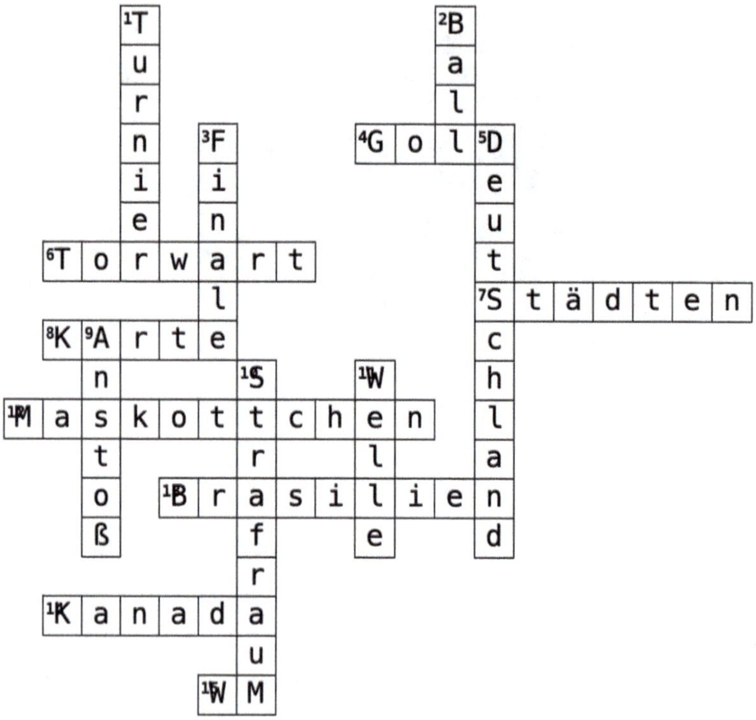

Across

4. Die Farbe des WM-Pokals
6. Spieler, der das Tor verteidigt
7. Orte, in denen die WM-Stadien stehen
8. Was der Schiedsrichter bei einem Foul zeigt
12. Tier oder Figur, die oft ein WM-Maskottchen darstellt
13. Südamerikanisches Land mit vielen WM-Titeln
14. Einer der drei Gastgeberstaaten der WM 2026

Down

1. Wettbewerb, bei dem 48 Länder antreten
2. Das Sportgerät, ohne das kein Spiel funktioniert
3. Das wichtigste Spiel des Turniers
5. Sieger der WM 2014
9. So beginnt ein Fußballspiel
10. Teil des Spielfelds, in dem Elfmeter entstehen
11. Das machen Fans im Stadion: La Ola

Lösungen

Aufgabe 27

Aufgabe 28

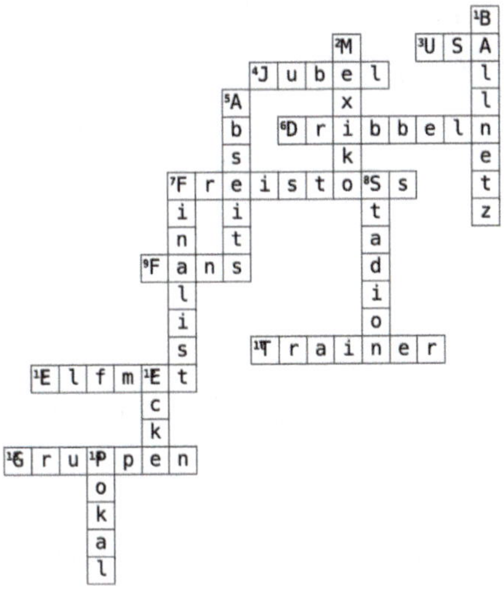

Across

3. Gastgeberland der WM 2026
4. Reaktion nach einem Tor
6. Den Ball geschickt am Fuß führen
7. Schuss nach einem Regelverstoß
9. Menschen, die ihre Mannschaft anfeuern
10. Leitet die Mannschaft von der Seitenlinie
11. er Strafstoß nach Foul im Strafraum

Down

1. Wo der Ball landet, wenn ein Tor erzielt wird
2. Einer der drei Ausrichter der WM 2026
5. Regel, die falsche Angriffe verhindert
7. Mannschaft, die das Endspiel erreicht
8. Ort, an dem die WM-Spiele stattfinden
12. Standardsituation von der Spielfeldseite
14. Trophäe für den Weltmeister

Lösungen

Aufgabe 29

Aufgabe 28

vertreten durch:
Anna Kastner
Steigerstr. 5
45711 Datteln

Printed in Poland
by Amazon Fulfillment
Poland Sp. z o.o., Wrocław

63855492R00050